Faculté de Droit de Paris.

THÈSE

POUR LA LICENCE.

L'acte public sur les matières ci-après sera soutenu,
le mercredi 7 décembre 1853, à midi,

Par ALFRED VAUNOIS, né à Paris.

Président : M. VUATRIN, Professeur.

Suffragants :

MM. DE PORTETS,	Professeurs.
PERREYVE,	
DELZERS,	Suppléants.
ROUSTAIN,	

*Le Candidat répondra en outre aux questions qui lui seront faites
sur les autres matières de l'enseignement.*

PARIS,

VINCHON, FILS ET SUCCESSEUR DE Mme Ve BALLARD,
Imprimeur de la Faculté de Droit,
RUE J.-J. ROUSSEAU, 8.

—

1853.

A mon Père, à ma Mère.

A MA SŒUR.

JUS ROMANUM.

DE USUFRUCTU ACCRESCENDO. — QUIBUS MODIS USUSFRUCTUS AMITTITUR.

(Dig., lib. vii, tit. 2 et 4.)

VATICANA FRAGMENTA DE USUFRUCTU.

(§ 61-93.)

DE USUFRUCTU ACCRESCENDO.

Quod, relicto pluribus conjunctim legato, si ex iis quidam deficiant, partes quas habebant aliis tribuit, jus accrescendi, vocatur; et jus quidem illud non tantum versatur cum legata sit proprietas, sed et cum legatus ususfructus.

Quoties ususfructus legatus sit, ita inter fructuarios est jus accrescendi, si conjunctim sit ususfructus relictus : cæterum, si separatim unicuique, partis rei ususfructus sit relictus, sine dubio jus accrescendi cessat.

Interdum tamen, etsi non sint conjuncti, ususfructus legatus alteri accrescit : utputa si mihi fundi ususfructus separatim totius et tibi similiter fuerit relictus : etenim intelligendum, eos re tantum conjunctos oportere, ut partes concursu habeant.

Si quis repetitione resumit amissum capitis diminutione usumfructum, jus accrescendi salvum habet, nam et si non verbis, re tamen conjunctus cum sociis videtur.

Duo habentur collegatarii domini servi cui ususfructus legatus est, inter ipsos est jus accrescendi, altero ergo repudiante aut amittente, alter totum habet, licet dominis ususfructus non æquis partibus, sed pro dominicis acquiratur, nam persona servi, non dominorum, inspici debet.

Et si alteri ususfructus, alteri fundus legatus est, accrescendi juri locus est, nam amittente usumfructum altero, cui erat legatus, magis jure accrescendi ad alterum pertinet, quam redit ad proprietatem. Nec novum, nam duobus si legetur ususfructus, consolidato apud unum, nihilominus integrum et alteri remanet jus accrescendi

Et si communi servo, et separatim Titio ususfructus legatus est, amisso ab altero ex sociis usufructu, non ad Titium, sed ad solum socium pertinere debet, quasi solum conjunctum.

Videmus nunc inter quos locus accrescendi non est. Illi sunt qui ab initio in usufructu partes habent. Si cui proprietas, deducto usufructu, legata sit et mihi pars ususfructus, inter me et heredem jus accrescendi non versatur, etenim conjuncti non sumus, quoniam cuique certa pars relicta est.

Si diversis testatoribus legatus est ususfructus, non apparebit jus accrescendi, quia ex diversis testamentis jus conjunctionis non contingit.

Quod de jure accrescendi ususfructus dicimus, proprietatem pertinet. Sed in usufructu hoc plus est : nam postquam legatum proprietatis, omnibus conjunctis quæsitum est amplius juri accrescendi locus esse non potest; contra in usufructu quæsito etiam amisso, nihilominus jus accrescendi manet.

Cujus ea est ratio; ususfructus quotidie constituitur et legatur, proprietas eo solo tempore perpetuum acquiratur.

Cum primum non inveniet alter eum, qui sibi concurrat,
solus utetur in totum, nec refert conjunctim ac separatim re-
linquatur. Discrimen alium est : nam pars ususfructus et non
habenti partem suam sed amittenti accrescit; etenim pars ususfructus personæ, portio fundi, portioni accrescit.

QUIBUS MODIS USUSFRUCTUS VEL USUS AMITTITUR.

Ne inutiles proprietates essent, in perpetuum durante usufructu, extingui certis modis et reverti ad proprietatem placuit.

Morte fructuarii quidem extinguitur ususfructus, quod non
recipit dubitationem; enim jus personæ cohæret usufructarii.

Dicendum est tamen, si legatum usumfructum legatarius alii
restituere rogatus est, id agere prætorem debere, ut ex fidei-
commissarii persona magis quam ex legatarii, pereat ususfructus.

Si ususfructus civitati legetur et aratrum in eam indicatur,
civitas esse desinit, ideoque quasi morte desinit habere usumfructum.

Diminutione capitis quoque amittitur ususfructus, etiam mi-
nima, jure Pandectarum, maxima et media tantum jure Justi-
nianeo.

Non solum usumfructum amitti capitis diminutione constat,
sed et actionem de usufructu. Sed ita demum amittitur capitis
diminutione ususfructus, si jam constitutus est; si ante adi-
tam hæreditatem, aut ante diem cedentem quis capite minutus
est, usumfructum non amitti constat. Si in singulos annos, vel
menses, vel dies legatus sit, is demum amittitur qui jam processit. Ususfructus cæterum, diminutione capiti, vel aliquo modo
amissus, dummodo legatarii non morte, servari potest tamen

legatario; ut adjiciatur, *quoties quis capite minutus erit, ei lego,* vel sic, *quotiens amissus erit.*

Alienatione extinguebatur servi, per quem ususfructus domino ejus quæsitus erat, sed Justinianus noluit alienatione, vel manumissione, vel morte servi usumfructum amitti, et quod de servo, filiofamilias dicemus.

Ususfructus etiam finitur, die aut conditione existente ad quam constitus est.

Rei mutatione interire usumfructum placet : veluti ususfructus mihi ædium legatus est, ædes corruerunt, vel exustæ sunt : sine dubio extinguitur.

Si vero non substantialis formæ mutatio est, non extinguitur ususfructus, utputa ; si summa terra sublata, ex fundo meo et alia re gesta est.

Fundi usufructu legato, si villa diruta sit, ususfructus non extinguitur (quia villa fundi accessio est) ; non magis quam si arbores deciderint.

Non utendo amittitur ususfructus si possessione fundi bienno fructuarius non utatur, vel rei mobilis anno : non uti fructuarius videtur, si nec ipse nec alii nomine possidet, sed constituit postea Justinianus, ut solummodo ususfructus amitteretur non utendo, cum talis exceptio fructuario opponeretur, quæ etiamsi vindicaret dominium, posset eum præsentem vel absentem excludere ; hæc per decennium vel vicennium rei immobilis, per triennum mobilis currit præscriptio,

Soluto jure domini, dummodo ex causa necessaria, et existente eo tempore quo constitutus est, extinguitur ususfructus.

In jure cessione amittitur etiam, quæ inter fructuarium et dominum locum habet.

Finitur et consolidatione ususfructus, id est si dominus re usufructuarius fiat, adeo ut non renascatur si postea proprieta evicta fuerit.

Denique rei interitu extinguitur ususfructus.

Capitis diminutione extinguitur ususfructus, sed ita demum, si jam constitutus est; cæterum, si ante diem cedentem fructuarius capite minutus est, constat non amitti; hodie enim incipit. Usque adeo ut, si in singulos legatus sit, is demum amittatur qui jam processit (frag. Vat., § 62-63).

Si communi servo ususfructus sit legatus, et utrique ex dominis acquisitus sit, altero amittente vel repudiante usumfructum, Julianus putat totum ad alterum pertinere, non proprietati accedere, licet pro dominicis, non æquis partibus acquiratur (§ 75).

Duobus heredibus institutis, deducto usufructu proprietas legatur; tunc cessare inter heredes jus accrescendi probant Julianus et Neratius; nam Celsus dixit : Toties jus accrescendi esse, quoties in duobus, qui solidum habuerunt, concursu divisus est (§ 78-79).

Si per damnationem ususfructus legetur, jus accrescendi cessat, quoniam damnatio partes facit (§ 85).

Servus, in quo ususfructus meus est, si stipuletur aliquid, cum fugitivus est, an per hoc ipsum, quasi utar, retineam usumfructum? Magisque Pomponius admittit retineri, nam etiamsi præsentibus servis non utamur, tanquam ægrotantibus, infantibus, aut defectæ senectutis, tamen per illos acquisitum retinemus usumfructum (§ 89).

Si non jure constitutus fuerat ususfructus, veluti si in fundo stipendiaro tributariove, prætor cum usus juris pro traditione accipiendus putaretur, succurrebat Publiciana actione et interdictis utilibus cum interdicta illis tantum competerent qui possidebant, nec possideret fructuarius; sed tantum esset in possessione.

POSITIONES.

I. Quid, si communi servo et Titio ususfructus legetur? — Non ad Titium jus accrescendi pertinet.

II. Si communi servo ususfructus legatus sit et utrique domino acquisitus, an altero repudiante, alter totum habeat? — Puto (frag. Vat.).

III. Cur in ususfructus legato, post concursum collegatariorum non cessat jus accrescendi ut in proprietatis legato? — Quia, ut ait Celsus, ususfructus quotidie constituitur et legatur.

IV. Titio et Mævio usumfructum æquis portionibus legavi; versatur ne inter eas, jus accrescendi? — Non versatur.

V. Quadrigæ usufructu legato, si unus ex equis decesserit, an extinguetur ususfructus, quæritur? — Puto dicernendum an *equorum quatuor*, vel *quadrigæ* usufructus legatus sit.

VI. Scyphorum usumfructum legavit testator, eodemque vivo massa facta est, ex qua iterum scyphi an debetur ususfructus quæritur? — Non debetur.

VII. Si ager cujus ususfructus noster est, inundatus fuit, amittitur ususfructus, sed si eodem impetu quo venit, dicessit aqua, restituendus ne usufructus? — Restituendum puto.

VIII. Quid si fructuarius extraneo jus suum cesserit? — Nihil agit; et usumfructum suum retinet.

DROIT FRANÇAIS.

DE L'USUFRUIT, DE L'USAGE, DE L'HABITATION.

(Code Napoléon, art. 578-686.)

DE L'USUFRUIT.

En droit romain, l'*ususfructus*, l'*usus* et l'*habitatio* sont qua-
lifiés de *servitudes*, parce que la chose du propriétaire se trouve
en quelque sorte asservie à une autre personne, en lui procu-
rant un certain bénéfice. Ces trois droits formaient la classe des
servitudes personnelles, parce qu'ils sont attribués aux personnes, abstraction faite de cette circonstance qu'elles ont la propriété de tel ou tel bien. Les servitudes réelles, au contraire,
sont des droits qu'on a sur la chose d'autrui, par cela seulement
qu'on est propriétaire d'une chose déterminée. Il semble ici
que le droit soit à la chose plutôt qu'à la personne, et cette
idée est représentée dans la langue du droit, lorsqu'on dit *fonds
servant, fonds dominant*. Le Code n'a regardé comme servitudes
que les servitudes réelles, et n'a pas appliqué cette dénomi-
nation à l'usufruit, à l'usage et à l'habitation.

5362   3

« Ususfructus est jus alienis rebus utendi-fruendi, salva rerum substantia. » *Uti*, user, c'est se servir de la chose, se mettre
en contact avec elle pour en retirer toute l'utilité possible sans
en recueillir les produits. *Frui*, jouir, c'est percevoir les fruits et
objets que la chose est destinée à produire. L'art. 578 a pris le
mot *jouir* dans un sens plus étendu, comme désignant tous les
genres d'utilité que peut procurer la chose, en conservant toujours intacte sa substance. Ici le mot *substance* signifie certaines
qualités constitutives qui déterminent la nature du bénéfice ou
des fruits que l'on retire de la chose, qui lui font porter tel
nom, en sorte que si ces qualités disparaissent, le nom de la
chose changera dans la langue pratique ; ce sont de ces qualités essentielles qui n'admettent pas de degrés : elles sont ou ne
sont pas, elles ne sont pas susceptibles d'augmentation ni de
diminution. L'usufruitier ne peut détruire ces qualités, dénatu-
rer ni même altérer l'objet, pas plus en partie qu'en totalité. En
matière d'usufruit, il faut encore faire rentrer dans la substance l'idée de destination, lors même que l'usufruitier laisserait la chose telle qu'elle est ; il doit se conformer à la destination qui lui a été assignée par le propriétaire. Partant de là, les
produits qui sont un résultat accidentel et imprévu de la propriété de la chose, qui n'ont pas de rapport avec sa destination,
n'appartiennent pas à l'usufruitier. La loi 13, § 7, *de usufr.*,
au Digeste, nous dit que l'usufruitier peut faire faire des peintures, des fresques, des mosaïques, mais non changer la disposition des appartements, les réunir, les séparer, *vel atrium mu-
tare.* Cette prohibition n'empêche pas de faire des améliorations
accessoires, d'appliquer, par exemple, des procédés de culture
plus fructueux, plus économiques, etc.

Ces mots, *à la charge d'en conserver la substance*, sont la
traduction de ceux-ci : *salva rerum substantia.* Ces mots latins,
dans leur sens primitif et vrai, expriment cette idée que l'usu-

fruit du droit civil ne peut exister que sur des choses dont la substance résiste à l'emploi qu'on en fait. En droit romain pur, l'usufruit n'est applicable qu'aux choses qui ne se consomment pas par l'usage, et cette incompatibilité découle de la nature même et de la définition du droit d'usufruit. En effet, un fragment d'Ulpien, titre 24, § 25, dit : *Ususfructus legari potest, jure civili, earum rerum quarum, salva substantia, utendi et fruendi solet esse facultas.* Immédiatement après, ce jurisconsulte parle d'un sénatusconsulte qui a tempéré la rigueur du droit civil en validant les legs de l'usufruit des choses qu'on ne peut employer sans les anéantir, *quæ in abusu continentur*. Ici, ces mots sont corrélatifs de *salva substantia*, dans le § 25. Le sénatusconsulte dont il s'agit a admis l'usufruit de ces sortes de choses, en établissant que l'usufruit porterait, non pas sur les objets même légués, mais sur des objets semblables ou sur une valeur abstraite qui les représenterait, c'est-à-dire que l'usufruitier donnerait caution, et, à l'expiration de l'usufruit, rendrait, non pas les mêmes individus, mais des individus de même espèce, de même qualité et quantité, ou l'estimation en argent. De cette manière, *senatus non fecit quidem earum rerum usumfructum (nec enim poterat), sed per cautionem quasi usumfructum constituit.* Au point de vue pratique, le résultat est toujours le même, que l'usufruit porte sur des choses fongibles ou sur des corps certains. Aussi le Code a-t-il admis l'usufruit portant sur les objets *qui in abusu continentur* (art. 581-587).

Ce sens attribué aux mots *salva substantia*, et qui, comme je viens de le dire, était le sens primitif, a été modifié par les compilateurs qui ont composé les Institutes. Ils ont pensé que ces mots signifiaient que l'usufruit ne devait durer qu'autant que la substance elle-même persistait et que le droit s'évanouissait avec l'objet sur lequel il portait. La phrase qui suit la définition indique bien par sa liaison que c'est là l'idée des compilateurs. *Est enim jus in corpore, quo sublato, et ipsum tolli necesse est.* Cette interprétation n'est pas une naïveté, ainsi qu'on pourrait le croire, car elle indique que l'usufruitier perd son droit, même sur ce qui reste de l'objet dont la substance est détruite (616-624). Il faut d'ailleurs remarquer que le paragraphe des Institutes est formé de la réunion de deux phrases prises dans deux jurisconsultes différents, en sorte que la seconde, modifiant la première, a altéré le sens primitif; d'un autre côté, ce changement de signification dans les mêmes mots a passé d'autant plus facilement, que depuis longtemps on avait fini par confondre sous le nom unique d'*ususfructus*, l'usufruit proprement dit et le quasi-usufruit.

Un troisième sens des mots *salva substantia* est celui qui se trouve dans l'art. 578, et qui impose l'obligation de respecter la substance de l'objet, de la conserver intacte. C'est là certainement une idée vraie, mais en entrant dans la définition de l'usufruit, elle a acquis une importance qui a eu des conséquences assez graves. Le législateur s'est trop préoccupé de cette idée comme formant l'essence de l'usufruit, elle est devenue à ses yeux un élément principal, tandis que chez les Romains elle n'a pas eu tant de valeur. De là l'art. 618, qui à tout prendre est empreint de quelque exagération.

L'usufruit est établi par la loi ou par la volonté de l'homme (art. 579). Nous trouvons des exemples d'usufruit établi par la loi dans les art. 754, 1401, deuxième alinéa, 1530, 1549. Le droit dévolu au père et au mari, bien qu'appelé usufruit, n'en est pas un à proprement parler. C'est plutôt un simple mode de jouissance personnelle qu'un véritable démembrement de la propriété; ainsi on ne pourrait appliquer ici les dispositions des art. 2118-2° et 595.

L'usufruit s'établit par la volonté de l'homme; cette volonté,

qui suffit pour transférer la propriété, suffit aussi pour la dé-
membrer.

Le Code n'a point reconnu l'usufruit par adjudication, qui
existait à Rome. Lorsque le juge avait à partager une succession
entre plusieurs héritiers, il pouvait adjuger à l'un la propriété,
à l'autre l'usufruit, sauf à rétablir l'égalité par des prestations
en argent. On a eu raison de supprimer cet usufruit qui offre quelque chose de trop aléatoire lorsqu'il n'est pas le résultat d'une
convention des parties. L'usufruit peut être établi purement
et simplement, et alors il s'ouvre dès qu'il est constitué indé-
pendamment de l'entrée en possession ; ou bien il peut être établi *ad diem, ex die*, sous condition, enfin, avec toute autre mo-
dalité. J'ajouterai que l'usufruit peut être établi sur toute
espèce de biens soit meubles, soit immeubles (art. 581).

DES DROITS DE L'USUFRUITIER.

Examinons d'abord le quasi-usufruit afin de nous occuper
ensuite exclusivement du véritable usufruit. L'art. 587 donne
à l'usufruitier d'un objet qui *in abusu continetur* le droit de le
consommer, mais à la charge d'en rendre pareille quantité, qualité et valeur, ou son estimation, à la fin de l'usufruit. Ce mot
valeur est inutile et même dangereux ; car s'il signifie la valeur
physique, intrinsèque, il fait un double emploi avec les mots
quantité et *qualité* ; s'il signifie valeur en argent, il exprime une
fausse idée. Quant aux derniers mots de l'article, ils ont reçu
trois interprétations différentes. Dans la première, on donne à
l'usufruitier le choix de rendre pareille quantité et qualité, ou
l'estimation de la valeur qu'avait l'objet au moment de la constitution d'usufruit. Cette doctrine doit être rejetée, car il n'y a
aucune raison de laisser à l'usufruitier une latitude qui lui
permet de faire un bénéfice au préjudice du nu-propriétaire,

que l'objet ait augmenté ou diminué de valeur. D'après une seconde opinion, l'usufruitier a le choix de rendre pareille quantité et qualité, ou l'estimation faite à la fin de l'usufruit. Ce système semble plus raisonnable et n'offre aucun inconvénient puisqu'il rend les chances égales d'un côté comme de l'autre. Cependant ce système ne paraît pas bien conforme à la pensée du législateur, et voici celui qui semble devoir être préféré : Ou les denrées ont été estimées au commencement de l'usufruit, et alors c'est une précaution pour prévenir les difficultés qui pourraient s'élever plus tard sur la question de savoir si l'usufruitier rend bien des objets de même qualité : les parties ont voulu éviter les contestations, en fixant une somme d'argent que l'usufruitier devra rendre. Il y a dans cette convention quelque chose d'aléatoire, mais les chances sont les mêmes pour les deux contractants. Ou bien l'estimation n'a pas été faite, et alors les parties ont entendu que l'usufruitier rendrait non pas une somme d'argent, mais une même quantité et qualité. Mais dans aucun cas l'usufruitier n'a d'alternative. La ponctuation de l'article s'accorde mieux avec ce dernier système qu'avec le second, dans lequel l'estimation doit se faire à la fin de l'usufruit. Il n'est ensuite que la reproduction de la loi 7, *de usufructu earum rerum quæ usu consumuntur*. « Si vini, olei, frumenti « ususfructus legatus erit, proprietas ad legatarium transferri « debet et ab eo cautio desideranda est, ut, quandoque is mor- « tuus aut capite deminutus sit, ejusdem qualitatis res resti- « tuatur; aut, æstimatis rebus, certæ pecuniæ nomine caven- « dum est; quod et commodius est. » La même théorie se trouve d'ailleurs reproduite dans les art. 1532 et 1903.

Si l'usufruit a porté sur une somme d'argent, l'usufruitier rendra la même valeur numérique, mais non les mêmes espèces, ni des pièces frappées au même coin et ayant le même rapport avec l'unité monétaire. Si les pièces données en usufruit venaient à baisser de valeur, l'usufruitier ne pourrait pas se libérer en rendant un même nombre de ces pièces, car elles ne représenteraient plus le taux de la somme prêtée. Mais si l'usufruit porte sur une créance, par exemple sur une rente, l'usufruitier ne sera jamais tenu que de rendre cette même rente lors même qu'elle aurait été réduite au tiers de sa valeur par suite de l'insolvabilité du débiteur ou d'une réduction décrétée par l'État. C'est qu'il s'agit ici d'un corps certain, et dans ce cas le débiteur ne répond pas des cas fortuits, ainsi qu'on le voit dans l'art. 1567.

L'art. 587 s'applique encore à certains objets que l'on peut consommer en en faisant usage, mais dont on peut aussi faire certains usages sans les consommer. Ici il faudra se régler sur l'intention des parties, voir quel usage le propriétaire faisait ou aurait fait de l'objet, et quel usage il a entendu que l'usufruitier en fît.

Réciproquement, des choses qui ne sont pas fongibles peuvent être données en usufruit comme telles, par exemple si elles sont destinées à être vendues. On peut alors les comparer à l'argent, qui, en réalité, ne se consomme pas par l'usage, n'est pas anéanti, absorbé, mais qui est perdu pour celui qui s'en est servi. Par exemple, si l'usufruit d'un fonds de commerce est donné à quelqu'un, le fonds lui-même ne sera pas considéré comme chose fongible, l'usufruitier ne pourra l'aliéner ; mais il en est tout autrement des marchandises qui composent le fonds, car leur destination est d'être vendues. L'usufruitier a le droit de se servir de la chose comme le propriétaire, conformément à l'usage auquel elle était destinée, art. 589-587-578.

Il y a des modes d'extinction de l'usufruit qui ne sauraient s'appliquer à l'usufruit de choses fongibles : d'abord la consolidation, car l'usufruitier est propriétaire de l'objet ; ensuite la perte de la chose due, car cette chose est un genre, une quantité; l'abus, car l'usufruitier étant ici propriétaire, n'abuse jamais.

Revenons maintenant au véritable usufruit, celui des choses dont la destination n'est pas d'être consommées. Ici , l'usufruitier n'est plus propriétaire, il n'a que le droit d'user et de jouir. Mais si la chose est telle qu'elle se dégrade rapidement par l'usage qu'on en fait, faudra-t-il la classer parmi celles dont nous venons de parler et qui ne sont susceptibles que d'un quasi-usufruit? Le § 2, *de usufructu*, aux Institutes, range les *vestimenta* parmi les choses *quæ usu consumuntur*. Ce classement n'est exact qu'autant que les parties ont traité les habits comme choses fongibles, ce qui arrivera souvent entre marchands d'habits. Aussi voyons-nous au Digeste : *De usufructu et quemadmodum quis utatur-fruatur*, lib. 15, § 4; *Si vestimentorum ususfructus legatus sit , non sicut quantitatis ususfructus legetur , dicendum est, ita uti eum debere, ne abutatur, nec tamen locaturum, quia vir bonus non ita uteretur*. Cette doctrine est consacrée par l'art. 589. En quelque état que soient les vêtements à la fin de l'usufruit, l'usufruitier pourra les vendre s'il en a usé avec ménagement, en homme économe, sans en avoir fait un usage abusif. Mais il sera tenu des détériorations provenant de sa faute ou d'un usage poussé à l'abus. C'est toujours l'idée de destination qui règle la matière.

Ici se place la question de savoir si l'usufruitier peut louer l'objet dont il a l'usufruit; l'art. 595 semble décider la question, mais il ne s'applique qu'aux immeubles dont la destination est d'être loués ou affermés; cette expression, *donner à ferme*, montre bien qu'il s'agit d'immeubles; ensuite, cet article renvoie aux art. 1429 et 1430; or dans ces articles il n'est question que de maisons et de biens ruraux. Pour résoudre la difficulté il faut considérer la destination de la chose. Nous appliquerons dès lors l'art. 595 aux meubles dont l'usage est la location, qui sont destinés à être loués, et nous dirons qu'on ne pourra pas louer le meuble toutes les fois que cela serait contraire à l'usage auquel il est destiné. Cette décision est conforme au texte que nous venons de voir tout à l'heure, *nec tamen locaturum quia vir bonus ita non uteretur;* mais Ulpien, dont ce texte est tiré, ajoute : *Proinde et scenicæ vestis ususfructus legetur, vel aulæi, vel alterius apparatus, alibi, quam in scæna non utetur. Sed an et locare possit, videndum est? Et puto locaturum, et licet testator commodare, non locare fuerit solitus, tamen ipsum fructuarium locaturum tam scænicam quam funebrem vestem.*

Nous venons de parler du droit d'usage qui appartient à l'usufruitier, voyons maintenant en quoi consiste son droit de jouissance.

L'art. 582 dit mal à propos : jouir des fruits, car l'usufruitier jouit de la chose, et cette jouissance consiste dans l'acquisition même de la propriété des fruits. Les fruits, nous le savons, sont certains produits perçus périodiquement, plusieurs fois dans la vie humaine et conformément à la destination de la chose. Ils sont considérés comme un simple revenu et non comme un capital. De là il suit que l'usufruitier n'a aucun droit sur le trésor trouvé dans le fonds, sur le produit des mines et carrières qui n'étaient pas encore en exploitation lors de la constitution d'usufruit, sur les hautes futaies qui ne sont pas mises en coupes réglées.

La distinction des fruits en naturels et industriels se trouve déjà dans le Digeste, au livre 45, *de usuris et fructibus,* mais elle n'offre aujourd'hui aucun intérêt pratique.

Il y a des fruits naturels dont on ne peut pas dire positivement qu'ils sont les produits spontanés de la terre, comme les extractions minérales, la chasse, la pêche. Les fruits civils sont les loyers des maisons, les arrérages de rentes, les intérêts des créances exigibles, non pas en ce sens qu'elles peuvent être exigées sur-le-champ, qu'elles ne sont pas retardées par un terme ou par une condition., mais seulement qu'elles pourront être exigées un jour en vertu d'un événement quelconque. Les rédacteurs du Code ont fait un alinéa isolé pour le prix des baux à ferme parce que c'était là une innovation. Dans l'ancien droit le prix des baux à ferme n'était pas considéré comme fruit civil, mais simplement comme prix de la vente des fruits, de sorte que pour voir à qui il appartenait, on examinait qui aurait perçu les fruits. Si l'usufruitier mourait la veille d'une récolte, comme c'est le propriétaire qui, si le bien n'avait pas été affermé, l'aurait perçue, c'est lui qui avait le prix du bail, au lieu que ce prix étant fruit civil, comme l'usufruitier acquiert les fruits civils jour par jour, il aurait appartenu en grande partie à ses héritiers. Il faut aussi ranger dans la classe des fruits civils, le prix de location des meubles.

En matière de fruits naturels et industriels, on n'examine que le moment à partir duquel ils sont détachés du sol et cessent d'être pendants par branches et racines. Ce moment serait postérieur d'un jour à la constitution d'usufruit, que les fruits appartiendraient à l'usufruitier, et réciproquement ceux perçus le lendemain de l'extinction de l'usufruit reviendrait au nu-propriétaire (art. 585). Il n'est pas nécessaire qu'ils soient détachés par la main de l'homme, mais d'une manière quelconque (sauf le dol), par un coup de vent par exemple. Il n'en était pas de même en droit romain : *ad quem ususfructus fundi pertinet, non aliter fructuum dominus efficitur, quam si ipse eos perceperit.* Le jurisconsulte Paul fait la différence qui existe, sous ce rapport, entre l'usufruitier et le possesseur de bonne foi : *Fructuarii fructus tunc fieri, quum eos perceperit, bonæ fidei autem possessoris mox quam a solo separati sint.* La raison en est que le possesseur possède le sol, tandis que l'usufruitier ne le possède pas ; mais, dans notre droit, la possession n'est pas nécessaire pour transférer la propriété, le consentement des parties suffit.

Le deuxième alinéa de l'art. 585 refuse toute indemnité au propriétaire pour une récolte par lui ensemencée et cultivée, mais recueillie par l'usufruitier, et réciproquement. Il y a une sorte de contrat aléatoire qui peut profiter à l'un comme à l'autre. La réserve faite en faveur d'un colon partiaire était fort inutile, car il est évident qu'il ne doit pas souffrir d'une convention postérieure à la constitution de son droit.

L'art. 586 dit que les fruits civils s'acquièrent jour par jour, et le répète spécialement à propos des baux à ferme, car c'est là une innovation introduite par les rédacteurs du Code et qui a l'avantage d'empêcher un grand nombre de procès auxquels donnait lieu la ventilation qu'il fallait faire pour estimer pour combien comptait, dans le prix du bail, telle ou telle espèce de fruits.

Examinons maintenant les droits de l'usufruitier sur les bois et forêts. Ils sont réglés par l'art. 590. L'aménagement est la distribution, l'ordre, les époques suivant lesquels la coupe doit être faite. Il est réglé par l'administration pour les bois de l'État et des communes, et par les particuliers propriétaires, pour les bois qui leur appartiennent. L'usufruitier doit toujours se conformer à l'usage du dernier propriétaire, à celui qui était suivi lors de l'ouverture de l'usufruit. Sans doute, si cet usage constant était de mauvaise administration, on déciderait en fait que l'usufruitier peut y déroger pour en substituer un meilleur, car il doit jouir en bon père de famille. Ce que l'on exige, c'est que l'usufruitier ne fasse pas les coupes de manière qu'à l'extinction de l'usufruit le propriétaire se retrouve avec une moins grande masse de fruits que si l'usufruitier avait suivi son aménagement ou l'usage constant. Par le même motif qui a fait refuser, dans 585, une récompense de part et d'autre pour frais de labour ou de semences, l'usufruitier n'a droit à aucune indemnité pour les coupes qu'il a négligé de faire lorsqu'il en avait le droit. Par taillis, l'on entend le bois coupé en masse sur toute l'étendue d'une forêt. Les baliveaux sont les arbres de réserve laissés, lors de la coupe, pour servir de semis ou pour former une futaie. Réservés sur une seule coupe, ils s'appellent baliveaux sur taillis; réservés sur deux coupes subséquentes, baliveaux anciens ou modernes, selon qu'on les considère par opposition avec les baliveaux sur taillis ou avec les futaies. Enfin, les futaies sont les arbres réservés sur trois coupes d'au moins vingt-cinq ans, et la haute futaie comprend les arbres réservés sur quatre coupes séparées par le même intervalle.

L'usufruitier a la propriété, non pas de la pépinière elle-même, mais des arbres qui la composent, *ut singuli*, en sorte qu'il peut disposer de ces arbres, qui sont de véritables fruits de la pépinière; mais la bonne administration exige qu'il les remplace par d'autres plus jeunes, et qu'il ne dégrade en rien la pépinière.

Les arbres qui sont à l'état de futaie, mais sans être encore hautes futaies, sont présumés destinés à être coupés au bout d'un certain temps, et à cet égard on consulte l'usage des propriétaires; à défaut, celui des lieux. L'usufruitier, en s'y conformant, jouit des futaies. Mais les hautes futaies sont un capital mis en réserve et non des fruits; dès lors, l'usufruitier ne peut en jouir qu'autant que le propriétaire les a mises en coupe réglée. Ici on ne consultera jamais l'usage des lieux, car le droit de l'usufruitier n'est fondé que sur le fait du propriétaire, et c'est ce fait qui détermine l'aménagement que l'on devra suivre. Si le propriétaire a laissé ses hautes futaies intactes, l'usufruitier n'y doit pas toucher (art. 592), lors même qu'elles seraient arrachées par la violence du vent ou par toute autre force majeure, *evulsæ vel vi ventorum dejectæ*. Cependant ces arbres peuvent lui servir pour faire les réparations nécessaires. L'art. 593 reproduit la loi romaine : *ex non cædua in vineam sumpturum, dum ne fundum faciat deteriorem*. Les produits dont il parle sont la glandée, les fruits sauvages, faînes, liége, etc.

L'usufruitier garde les arbres fruitiers qui meurent ou sont déracinés ou brisés par accident, à la charge de les remplacer. On n'a pas à craindre qu'il les fasse périr par méchanceté, car ils lui rapportent des fruits. Ensuite, on est plus assuré qu'il remplacera les arbres morts s'il se trouve indemnisé par la propriété du bois.

L'art. 598 est une application de ce principe, que les droits de l'usufruitier se règlent d'après la destination de l'objet. Si c'est lui qui est cessionnaire, il paiera la redevance au propriétaire, toutes les fois que la concession sera postérieure à la constitution de l'usufruit. S'il n'est pas cessionnaire, la redevance appartiendra au propriétaire ; l'usufruitier ne l'aura qu'autant qu'à l'ouverture de l'usufruit les extractions et exploitations avaient déjà lieu. La dernière partie de l'art. 598 se réfère à l'état de la législation sur la matière des mines à l'époque de la rédaction du Code. La concession étant toute personnelle, devait être renouvelée à chaque mutation, pour l'usufruitier comme pour les tiers. Mais aujourd'hui, le système général étant détruit, les conséquences qui en découlaient doivent également disparaître, et l'usufruitier, pour succéder à la concession, n'aurait nullement besoin de l'autorisation du gouvernement. L'usufruitier, en cette qualité, n'a aucun droit au trésor, mais comme inventeur il peut en avoir la moitié.

Nous avons vu que les intérêts des sommes exigibles et les arrérages de rentes perpétuelles étant des fruits civils, appartenaient à l'usufruitier. Mais s'il s'agit d'une rente viagère, son droit ne devra-t-il pas se borner à jouir des arrérages, à les placer comme un capital, à en retirer les intérêts, à la charge de rendre, après l'usufruit, les arrérages capitalisés? D'anciens jurisconsultes le voulaient ainsi. Selon eux, les arrérages d'une rente perpétuelle devaient être considérés comme fruits à cause de leur ressemblance avec les fruits naturels et industriels que produit un arbre, un champ ; car comme eux ils seront perçus périodiquement à perpétuité. Mais les arrérages de rentes viagères n'étaient qu'une série de capitaux payés par annuités; au bout d'un certain temps ils devaient cesser d'être payés. Or, cette limitation dans la durée était incompatible avec la nature même des fruits. Malgré ces raisons, l'art. 588 a décidé la question dans le sens de Pothier. Le législateur est parti de cette idée qu'on ne capitalise pas les arrérages d'une rente viagère, mais qu'on les considère comme de simples revenus. Lors donc que l'art. 584 range parmi les fruits civils les arrérages des rentes, il faut y comprendre ceux des rentes même viagères. Il suit de là que si l'usufruitier vit autant que la personne sur laquelle est constituée la rente, il sera dans la même position et il aura retiré les mêmes bénéfices que s'il avait eu la pleine propriété de la rente.

De même, l'usufruit de l'usufruit ne donne pas seulement le droit de jouir des fruits avec l'obligation de les restituer par la suite, car l'usufruit de l'usufruit est plus que l'usufruit des fruits. L'usufruitier de l'usufruit sera donc propriétaire des fruits, sans être tenu à aucune restitution. S'il vit pendant toute la durée de l'usufruit dont il est usufruitier, il aura joui de tous les avantages attachés à l'usufruit premier.

L'art. 596 est tout à fait conforme à la loi 9, § 4, *de usufructu*: *Et placuit alluvionis quoque usumfructum ad fructuarium pertinere*. Il doit s'étendre aux développements et aux améliorations que reçoit l'objet, plantations, constructions faites par un tiers. Nous en dirons autant d'un meuble qui s'est augmenté par l'accession mobilière. Mais si l'accession était d'un objet qui reste distinct du fonds, qui, uni à lui par les liens de l'accession, ne l'est par aucun lien sensible et physique, je pense que l'usufruitier n'en jouirait pas; car ici il n'y a aucun développement matériellement apporté au fonds. La loi romaine ne manque pas de le dire : « Sed si insula juxta fundum in flumine nata sit, ejus usumfructum ad fructuarium non pertinere Pegasus scribit, licet proprietati accedat : esse enim veluti proprium fundum cujus ususfructus ad te non pertineat. Quæ sententia non est sine ratione, nam ubi latitet incrementum et ususfructus augetur; ubi autem apparet separatum, fructuario non accedit. » On peut dire la même chose de l'art. 559. Il est inutile de remarquer que si quelqu'un léguait l'usufruit universel de ses biens, l'usufruitier aurait droit à tout ce qui viendrait d'une manière quelconque se joindre à la masse des biens, et que par conséquent notre exception ne lui serait pas applicable.

Non-seulement l'usufruitier a le droit de jouir de toutes les servitudes attachées au fonds, mais il serait en faute de ne pas exercer son droit, car le non-usage peut les éteindre, et il serait tenu envers le propriétaire (art. 597).

L'usufruitier peut transférer à une autre personne son droit d'usufruit, toutes les fois qu'il pourrait louer l'objet. Il y a des personnes qui disent que dans ce cas l'usufruitier cède plutôt l'exercice de son droit que son droit même. C'est là une subtilité sans fondement. L'usufruitier ne constitue pas un nouvel usufruit, il cède le sien avec toutes les chances de gain et de perte qui y sont attachées, mais il doit surveiller l'administration du cessionnaire, parce que c'est toujours lui qui est responsable envers le propriétaire.

Dans l'ancienne jurisprudence, l'usufruitier pouvait aussi

louer les choses dont telle était la destination, mais la location s'éteignait forcément avec l'usufruit. Le législateur moderne a considéré qu'il serait souvent fort difficile de trouver à louer si le locataire avait en perspective cette condition résolutoire. Il a alors attribué à l'usufruitier un certain pouvoir d'administration, en vertu duquel il représente, en quelque sorte, le nu-propriétaire (art. 1429). Il était aussi très utile pour l'usufruitier de pouvoir renouveler les baux par anticipation, mais il fallait en même temps apporter une limite à cette faculté, afin qu'à l'extinction de l'usufruit le nu-propriétaire n'eût pas les mains liées par un trop long espace de temps (1430).

Quant à la location d'un meuble, elle doit finir avec l'usufruit, car la loi n'a permis, par aucune disposition, la prolongation du bail de meubles, et l'on ne doit pas induire ici par analogie de ce qui a lieu en matière immobilière, car les mêmes raisons n'existent pas.

Si l'usufruitier, au lieu de louer le fonds, vend les fruits avant qu'ils soient récoltés, et s'il meurt dans l'intervalle, l'acheteur pourra-t-il recueillir les fruits en payant le prix au propriétaire? On a soutenu l'affirmative en s'appuyant sur ce que l'usufruitier a le droit de jouir comme le propriétaire, et un arrêt de la Cour de cassation, du 19 juillet 1818, a consacré cette décision. Cependant on ne saurait l'admettre. Sans doute, l'usufruitier a le droit de jouir comme le propriétaire lui-même, mais seulement si son droit dure assez pour que les fruits puissent lui appartenir. Il ne peut pas céder plus de droits qu'il n'en a; or, il n'aurait pas recueilli les fruits, et si la loi a fait une exception en matière de baux, c'est qu'il y avait une raison d'utilité qui n'existe pas ici. La vente des fruits est tellement rapprochée de leur récolte, que la mort de l'usufruitier arrivera bien rarement dans cet intervalle, et la crainte de cet événement extraordinaire n'arrêtera personne.

Le premier alinéa de l'art. 599 peut paraître inutile, parce que nul, pas plus le nu propriétaire qu'un autre, ne peut nuire aux droits de l'usufruitier. L'usufruier et le nu propriétaire ont chacun un démembrement de la propriété, et chacun doit exercer son droit sans empiéter sur celui de l'autre. Le nu propriétaire ne pourra pas grever le fonds de servitudes, du moins elles ne seront valables qu'après l'extinction de l'usufruit, et si, par un fait illicite quelconque, le propriétaire cause du préjudice à l'usufruitier, il sera condamné à des dommages-intérêts.

Pour interpréter le deuxième alinéa de l'art. 599, il faut bien déterminer le sens du mot *améliorations*. Le mot *améliorations* signifie tout ce qui sert à rendre le fonds plus productif ou plus agréable, mais non pas à l'entretenir, à le conserver tel qu'il était, en un mot, à le réparer. On a prétendu que l'article ne s'appliquait qu'aux améliorations de nature telle que l'usufruitier ne pourrait pas les enlever, comme les engrais, les peintures des murailles, mais que, si l'amélioration était par exemple une construction ou une plantation, le propriétaire devait les laisser enlever ou rembourser les dépenses, qu'autrement l'usufruitier se trouverait dans une position plus défavorable que le possesseur de mauvaise foi. Je ne pense pas que cette distinction doive avoir lieu, la généralité du mot *améliorations* ne la comporte pas. La disposition se justifie par cette considération, que la jouissance des améliorations, l'augmentation de fruits qu'elles procurent, indemnisent suffisamment l'usufruitier, tandis que le possesseur de mauvaise foi est contraint à restituer tous les fruits. Il est possible que l'usufruitier ait voulu gratifier de ces améliorations le nu-propriétaire, tandis que cette intention ne peut être prêtée au possesseur de mauvaise foi. En combattant cette distinction, nous ne faisons que nous ranger sous l'autorité de la cour suprême, qui l'a également rejetée.

La fin de l'article tempère les dispositions précédentes, relati-

vement aux objets qui ne peuvent être immeubles que par destination, et qui ne le sont qu'autant qu'ils ont été placés à perpétuelle demeure par le propriétaire lui-même.

DES OBLIGATIONS DE L'USUFRUITIER.

La première obligation de l'usufruitier, c'est de jouir en bon
père de famille. C'est un véritable débiteur à terme, il doit
restituer la chose intégralement à la fin de l'usufruit. Ensuite,
il doit faire certaines dépenses qui sont considérées comme
charges des fruits, c'est-à-dire que l'on prend ordinairement
sur ses revenus annuels. Pour garantir l'exécution de ces obligations, on a eu recours à plusieurs précautions que nous allons
examiner.

Avant tout, il faut dire que l'usufruitier prend les choses
dans l'état où il les trouve; il doit s'en contenter, quelque dé-
gradées qu'elles soient, à la différence du locataire, qui, avant de
prendre possession des lieux, peut exiger certaines réparations.
Nous ne parlons pas, bien entendu, du cas où les dégradations
seraient postérieures à la constitution d'usufruit.

Il ne peut entrer en jouissance, signifie qu'il ne peut appréhender l'objet, s'en saisir, mais non pas qu'il ne commence à
gagner les fruits qu'après avoir fait l'inventaire. En effet, 604
fait cette remarque à propos de la caution, qui certes est aussi
nécessaire que l'inventaire. Ces deux conditions ont pour but
de garantir les droits des propriétaires et non pas de lui faire
faire des bénéfices. En droit romain, l'inventaire n'était pas im-
pérativement exigé, mais seulement conseillé. « Recta autem
facient et hæres et legatarius, qualis res sit, cum frui incipit
legatarius, si intestatum redegerint ut inde possit apparere
an et quatenus rem pejorem legatarius fecerit. » Les frais de
l'inventaire sont à la charge de l'usufruitier. A ce sujet, on

s'est demandé si le testateur pouvait dispenser l'usufruitier de dresser l'inventaire et l'état. S'il se borne à dire qu'il en dispense l'usufruitier, rien ne s'oppose à ce que la clause soit observée, car tout cela se borne à décharger l'usufruitier des frais d'inventaire, et rien n'empêche le nu propriétaire d'inventorier à ses dépens si bon lui semble. Mais si le testateur interdit formellement l'inventaire, suivant les uns cette disposition doit être observée, car le testateur aurait pu donner la pleine propriété de l'objet à l'usufruitier, en supposant qu'il fait partie de la quotité disponible. Il a donc pu faire moins. Sans doute, le testateur pouvait donner à l'usufruitier la pleine propriété, mais il ne l'a pas fait. Or, comment admettre que l'héritier, resté nu propriétaire, soit empêché de se rendre compte de ce qui est dans l'hérédité? Qu'est-ce qu'un propriétaire qui ne sait pas et ne peut pas savoir au juste ce dont il est propriétaire? Il ne pourra pas en disposer, les vendre ni les donner même si ce sont des objets mobiliers (948). D'autre part, tout héritier a le droit d'accepter une succession sous bénéfice d'inventaire ; or, ce serait encore là une faculté dont il serait dépouillé dans le cas qui nous occupe.

Enfin, on ne voit aucun motif plausible qui puisse justifier une pareille clause ; le législateur n'a pu la permettre, car elle est sans utilité réelle ; elle ne peut engendrer que des procès et nécessiterait l'administration de la preuve testimoniale, que le législateur actuel a toujours cherché à remplacer par la preuve écrite.

Si l'usufruitier n'étant pas dispensé de faire inventaire manquait à cette formalité, comme c'est à lui que la loi impose cette obligation, le propriétaire pourrait, au besoin, faire sa preuve par tous les moyens possibles.

Nous avons vu dans les Institutes que l'expédient au moyen duquel le sénatusconsulte peut établir l'usufruit sur les choses fongibles était la caution. Ce fut le droit prétorien qui étendit le cautionnement à l'usufruit proprement dit. Le testateur ne pouvait pas dispenser de cette caution introduite par le préteur. « Si ususfructus omnium bonorum testamento uxoris marito relictus est, quamvis a te cautionem prohibuerit exigi, tamen non aliter a debitoribus solutam pecuniam accipere poteris, quam oblata secundum formam senatusconsulti cautione. » Chez nous, il en est autrement ; et, en effet, l'absence du cautionnement n'altère pas l'usufruit dans son essence. On a exempté de plein droit les père et mère ayant l'usufruit légal des biens de leurs enfants, afin de ne pas trop multiplier les cautionnements, qui sont souvent fort difficiles à trouver. Ensuite ici la qualité de l'usufruitier est une garantie de sa gestion ; mais, s'il garde l'usufruit après l'émancipation de l'enfant, il donnera caution comme tout autre usufruitier. Il est facile de s'expliquer pourquoi on a traité favorablement le donateur ; quant au vendeur sous réserve d'usufruit, la même raison n'existe pas pour lui.

On a dit que le contrat étant un contrat d'aliénation de la nue propriété, les parties peuvent prévoir tous leurs rapports, réglementer leurs intérêts réciproques, et que si elles ont eu l'intention d'établir la caution, elles ont dû le déclarer formellement. Mais il suivrait de là, que l'acheteur d'un usufruit devrait aussi être dispensé de donner caution, si l'acte ne l'y obligeait pas, et la loi n'a pas admis cette exception. Nous aimons mieux dire que le vendeur, retenant l'objet dont il est en possession depuis longtemps, n'est pas présumé avoir voulu donner caution, car on ne s'assujettit pas volontiers à donner caution pour un objet que l'on est habitué d'avoir entre les mains, et, en outre, il y a la garantie de la gestion antérieure.

Si l'usufruitier ne trouve pas de caution, il faut toujours que le bien soit administré de manière à ce que le propriétaire n'éprouve aucune perte, et que l'usufruitier, de son côté, ne cesse pas de gagner les fruits (art. 602). Le séquestre est un gérant salarié, chargé de garder et d'administrer les biens pour les restituer plus tard. Le propriétaire peut s'offrir lui-même pour prendre l'immeuble à ferme ou pour être séquestre, l'art. 618 le décide dans un cas analogue.

L'art. 603 étend la disposition du 3e alinéa de l'art. 602 aux meubles qui dépérissent par l'usage. Comme les frais de vente sont à la charge de l'usufruitier, le propriétaire fait ici un véritable bénéfice, car la somme résultant de la vente des meubles restera toujours la même. Si l'usufruit portait sur des créances, on ferait comme dans l'ancienne jurisprudence, on laisserait les titres entre les mains de l'usufruitier pour qu'il touche les intérêts et revenus, et l'on ferait sommation au débiteur de ne lui point payer le capital.

Le retard de donner caution n'a pas d'autres résultats que d'empêcher l'appréhension, mais il ne suspend nullement le gain des fruits. Les articles précédents ont précisément pour but de permettre à l'usufruitier de jouir quand il ne peut pas posséder. L'époque à partir de laquelle les fruits appartiennent à l'usufruitier, est le jour où l'usufruit lui a été acquis, dévolu, en sorte que s'il avait donné caution ce jour même, il aurait pu appréhender incontinent l'objet. Ce jour est celui du contrat, de la mort du testateur, de l'expiration du terme, de l'événement de la condition; il n'y a qu'une exception, c'est qu'en matière de legs particuliers, le légataire n'a droit aux fruits que du jour où il a demandé à l'héritier la délivrance du legs, ou du jour où cette délivrance lui a été faite spontanément. On a prétendu que l'art. 604 dérogeait à 1004, mais je ne pense pas que cette dérogation eût été dans la pensée du législateur, car l'article a pour but de dire que le retard de la caution ne prive pas des fruits et non pas de déterminer quand commence le droit de l'usufruitier sur les fruits. Les obligations de l'usufruitier dont nous avons encore à parler peuvent se diviser en trois classes : 1° celles qui existent à raison des dettes antérieures à l'usufruit et contractées par le testateur ; 2° les charges imposées à l'usufruitier pendant la durée de l'usufruit et qui sont autres que les réparations ; 3° enfin les réparations elles-mêmes.

1° Posons d'abord en principe que le légataire particulier n'est jamais tenu des dettes du défunt, tandis que le légataire universel (1003) et le légataire à titre universel (1010) sont tenus pour leur part et portion et hypothécairement pour le tout (1009-1012). Or, quelles que soient la valeur et l'étendue de l'usufruit, il ne pourra jamais être considéré que comme legs à titre particulier (1010, deuxième alinéa). Lorsque l'art. 612 parle d'un usufruit universel ou à titre universel, il entend l'usufruit portant d'une part sur l'universalité des biens laissés par le testateur à son décès, d'autre part sur une quote-part des biens dont la loi permet au testateur de disposer, tels qu'une moitié, un tiers, ou tous ses immeubles, ou tous ses meubles, ou une quotité fixe de tous ses immeubles ou de tous ses meubles. Mais si l'usufruitier n'est pas tenu de contribuer aux dettes du défunt à l'égard des créanciers du testateur, il doit payer au nu propriétaire l'intérêt des dettes à partir de l'ouverture de l'usufruit. C'est ce que d'abord, tout bon administrateur prend ses intérêts passifs sur ses revenus et non pas sur ses capitaux, sans quoi il serait bientôt hors d'état de payer les sommes qui portent intérêt contre lui. En second lieu, si l'on déduisait les dettes de la masse de la succession, l'usufruitier perdrait sa jouissance sur la portion de biens affectés à les éteindre.

L'art. 612 explique comment l'usufruitier contribue avec le propriétaire au paiement des dettes. Il s'agit ici d'un règlement de contribution qui n'existe que dans les rapports du créancier et du propriétaire, et non pas d'une nécessité légale imposée à l'usufruitier pour payer les créanciers. On estime la valeur des fonds. A quoi sert donc cette estimation? Si l'usufruit porte sur l'universalité des biens, l'usufruitier servira pendant toute la durée de l'usufruit les intérêts de l'universalité des sommes à payer ; s'il porte sur une fraction aliquote des biens, l'usufruitier paiera une fraction correspondante des intérêts. Il est vrai que dans ces deux cas il est inutile de faire l'estimation. Mais elle devient nécessaire quand l'usufruit porte sur tous les immeubles ou sur tous les meubles, ou sur une partie de tous les immeubles ou de tous les meubles. On estime pour quelle portion entrent dans la totalité des biens ceux dont l'usufruit a été légué, et l'expression numérique obtenue déterminera la portion d'intérêts que devra payer l'usufruitier.

Cela posé, il y a trois partis à prendre, trois modes différents, suivant lesquels l'usufruitier paie les intérêts au nu propriétaire pendant toute la durée de l'usufruit. Ils sont exposés dans le dernier alinéa de l'article, et aboutissent tous trois au même résultat.

Ce que dit notre article des dettes du défunt, il faut l'appliquer aux autres charges de la succession imposées aux héritiers et dont parle l'art. 1012, par exemple les legs particuliers, les frais funéraires, les frais de scellés dont parle l'art. 810, et ceux qui sont compris dans l'art. 1016. Si la succession est grevée de rentes ou de sommes exigibles, l'usufruitier en paiera les arrérages et intérêts.

Quant aux rentes viagères et aux pensions alimentaires, devra-t-on en considérer les arrérages comme de petits capitaux payés successivement pendant un certain nombre d'années, de sorte que c'est au propriétaire à les payer, et que l'usufruitier servira seulement les intérêts de ces arrérages? Il n'y a pas lieu de douter ici, car l'art. 588 a résolu la question d'une manière non équivoque.

Rien de tout cela ne serait vrai à l'égard de l'usufruitier à titre particulier; il est, sous ce rapport, dans la même position que le légataire particulier. Cependant, celui-ci peut voir réduire son legs dans deux cas exceptionnels, si les biens de la succession ne suffisent pas pour payer les dettes, mais ce n'est alors que l'application de la maxime : *Bona non intelliguntur, nisi deducto œre alieno ;* cela ne tient nullement à ce que le légataire est tenu des dettes; en second lieu, s'il y a des héritiers réservataires, ici la volonté du testateur ne peut pas être exécutée, parce qu'elle contrevient à la loi. Cependant l'art. 611 suppose que l'usufruitier à titre particulier peut être forcé de payer les dettes auxquelles le fonds est hypothéqué. C'est qu'ici il se trouve dans la position de tout tiers détenteur d'un immeuble hypothéqué, mais il a son recours contre le nu propriétaire. Beaucoup de jurisconsultes ont pensé que ce recours n'avait lieu que dans le cas où le nu propriétaire était de ceux qui sont tenus des dettes. Je pense que la loi doit s'appliquer également au cas où le nu propriétaire est un légataire à titre particulier. Le rédacteur n'a pas dit contre le débiteur, mais bien contre le propriétaire. S'il avait voulu la limitation que l'on prétend introduire, il n'aurait rien dit du tout, car il va sans dire que l'usufruitier a recours contre le propriétaire débiteur. L'usufruitier, en payant la dette, a réellement fait l'affaire du propriétaire. Sans doute celui-ci n'était pas personnellement tenu; mais il l'était *propter rem*, comme tout propriétaire d'immeuble hypothéqué. Si l'usufruitier avait délaissé, le propriétaire aurait perdu son bien. Il y a donc ici une sorte de gestion d'affaires utile. Ainsi, nous croyons que le propriétaire devra restituer le capital de la dette à l'extinction de l'usufruit, ou bien il le remboursera incontinent, et l'usufruitier en servira les intérêts pendant toute la durée de l'usufruit. De cette manière, chacun aura contribué à proportion de ce qu'il a gagné. Il y aura lieu, bien entendu, d'examiner si l'usufruitier a sagement géré l'affaire, si, par exemple, il a payé la dette lorsqu'elle était supérieure à la valeur de l'immeuble et qu'il eût mieux valu délaisser. On considérera jusqu'à concurrence de quelle somme ces paiements ont été bien faits.

D'après 1020, l'usufruitier n'a de recours contre une tierce personne qu'après avoir payé : il ne peut pas forcer l'héritier à dégrever le fonds par le paiement des dettes hypothécaires, à moins que le testateur ne l'y ait formellement autorisé.

2° L'art. 608 applique cette règle d'administration que l'on paie les charges annuelles avec ses revenus et non avec son capital. Il met encore sur le compte de l'usufruitier les autres charges qui, dans l'usage, sont censées charges des fruits. Il vaudrait peut-être mieux dire charges du droit de jouir, car les fruits peuvent manquer et les charges n'en seraient pas moins supportées par l'usufruitier. La charge annuelle par excellence, c'est l'impôt : « Usufructu relicto, si tributa ejus rei præstentur, « ea usufructuarium præstare debere dubium non est. » L'impôt est considéré comme un fruit civil qui s'acquiert jour par jour au profit de l'État, bien qu'il se paie par douzième de mois en mois, en sorte que si l'usufruit s'éteignait dans le courant du mois, l'usufruitier devrait une portion de douzième correspondante à la partie de mois écoulée. Les rôles des contributions sont exécutoires contre l'usufruitier, et sur tous ses biens, comme s'il était tenu personnellement, et l'on ne prend pas en considération la valeur des recettes qu'il a faites. Outre cela l'État a un privilége sur les fruits de l'immeuble donné en usufruit.

Il est d'autres charges périodiques, dites communales, qui consistent dans une prestation en nature ou en argent pour l'entretien des chemins vicinaux.

Quant aux charges non périodiques, qui n'arrivent qu'à de rares intervalles et comme à l'imprévu, elles se partagent entre l'usufruit et la propriété de la même manière que les dettes du testateur (609). Cet article ne produit que deux des modes établis (612). Faut-il y ajouter le troisième, celui qui consiste à vendre une portion de biens jusqu'à concurrence de la somme à payer? Je ne le pense pas, parce que ce serait là un moyen de vexation donné au propriétaire contre l'usufruitier. Du reste, la solution devrait se plier aux circonstances de fait, et il y aurait à examiner si la somme est assez considérable pour motiver la vente d'une partie de l'immeuble, ou si son peu d'importance rendait une pareille mesure tout à fait inutile. Enfin, notre n° 2 renferme une dernière espèce de charges qui sont imposées à l'usufruitier. Ce sont les frais des procès qui intéressent la jouissance. L'usufruitier paiera aussi les frais et condamnations à dommages-intérêts pour altération et dégradation du fonds. Si le procès n'intéresse que la nue propriété, c'est au propriétaire seul à s'en occuper. S'il intéresse la pleine propriété, il sera soutenu par l'usufruitier et le propriétaire, ou par l'un d'eux seulement, et les frais se répartiront suivant le mode établi dans l'art. 609.

3° L'usufruitier n'est tenu qu'aux réparations d'entretien (605). Ces réparations d'entretien sont celles que l'on nommait autrefois viagères, parce qu'elles se représentent plusieurs fois dans le cours de la vie humaine, tandis que les grosses réparations ne se renouvellent que rarement dans cette période. La loi ne semble s'occuper de grosses réparations qu'en matière d'immeubles inhérents au sol, entourés de murs, en sorte que l'usufruitier d'un meuble aurait à sa charge toutes les réparations quelles qu'elles fussent. Il est cependant des meubles d'une valeur et d'un volume si considérables que je crois qu'ils pourraient être assimilés à une construction immobilière, et que cer-

taines réparations à y faire devraient être considérées comme
grosses réparations, par exemple la cale entière d'un navire :
telle est l'opinion de Proudhon.

Dumoulin nous donne une idée bien nette des menues réparations ou réparations d'entretien par opposition aux grosses
réparations. Les premières sont celles *quæ non solent durare
ultra decem vel viginti annos;* les autres, celles qui ont *perpe-
tuam utilitatem,* celles qui en un mot excèdent en durée la vie
de l'homme.

Si les grosses réparations deviennent nécessaires par la faute
de l'usufruitier, par défaut d'entretien ou abus de jouissance,
c'est à lui à les faire, en vertu du principe général de la respon-
sabilité des fautes. L'article, après avoir dit par le défaut de réparations d'entretien, ajoute depuis l'ouverture de l'usufruit ;
nous savons que l'usufruit est ouvert du moment qu'il est constitué purement et simplement, et que dès lors l'usufruitier commence à gagner les fruits, excepté en matière d'usufruit donné
en legs : il ne s'ouvre en ce cas qu'à partir de la demande en délivrance. C'est à partir de cette époque où l'usufruit est ouvert,
où l'usufruitier commence à gagner les fruits, qu'il est tenu de
faire les réparations d'entretien. Demandons-nous maintenant
s'il est tenu de réparations qui sont nécessaires depuis une
époque antérieure à la constitution d'usufruit ; s'il ne les fait
pas se mettra-t-il en faute ? Distinguons avec Proudhon entre
les réparations d'entretien dont l'omission entraînerait des dégradations et des pertes plus considérables, et celles dont on peut
se dispenser sans faire empirer l'état des choses. L'usufruitier est
tenu de faire les premières, car il doit entretenir la chose dans
l'état où elle se trouve, ou s'il néglige de faire ces réparations, la
chose se détériorera davantage. Le législateur n'a pas dit que
l'usufruitier ne réparerait que les dégradations postérieures à
l'ouverture de l'usufruit, mais qu'il maintiendrait la chose dans

l'état où il l'a trouvée et qu'il serait tenu des grosses réparations
devenues nécessaires par défaut de menues réparations, sans distinction sur le moment où le besoin s'en est fait sentir. Quant à
celles de la seconde catégorie, l'usufruitier n'en est pas tenu,
parce qu'il peut se dispenser de les faire sans manquer à aucune des obligations que la loi lui impose

L'art. 606 explique ce qu'il faut entendre par grosses réparations. Les gros murs sont les murs de pourtour, les murs de re-
fend qui soutiennent l'édifice; mais les murs de séparation, les
cloisons qui ne servent qu'à la distribution des appartements
donnent toujours lieu à de simples réparations d'entretien. Les
voûtes et les charpentes supérieures servent à soutenir une partie
de l'édifice ou les combles. Pour que la réparation de la couverture soit grosse réparation, il faut qu'elle porte sur la couverture entière; il est évident que s'il ne restait qu'une très faible
partie de la couverture, la réparation serait encore à la charge
du propriétaire. Le mot *entières* ne s'applique qu'aux couver-
tures et non aux poutres; il suit de là que les dégradations par-
tielles d'une poutre donneraient lieu à une grosse réparation, car
il faudra, le plus souvent, la remplacer. La poutre est, en effet,
une partie importante de l'édifice et dont l'usage dure plus
longtemps que la vie de l'homme. Les murs de soutènement sont
ceux qui soutiennent, par exemple, une terrasse, un aqueduc,
l'écluse d'un moulin.

Si l'usufruitier est forcé de faire les réparations d'entretien,
peut-il contraindre le propriétaire à faire de grosses réparations?
Non, l'usufruitier ne peut y contraindre le propriétaire. On a
pensé qu'il serait trop onéreux pour le propriétaire de faire de
grosses réparations, souvent fort coûteuses, sur un bien dont
peut-être il ne reprendra plus jamais la jouissance. La loi s'est
contentée de dire que ces réparations restent à la charge du propriétaire, c'est-à-dire que si l'usufruitier veut les faire, le pro-

priétaire lui remboursera ses dépenses à la fin de l'usufruit, en sorte que l'usufruitier aura contribué pour les intérêts. Pour éviter toutes contestations sur la nécessité des réparations, l'usufruitier invitera le propriétaire à les faire, et si ce dernier s'y refuse, il fera dresser un devis d'experts dont il fera sa preuve lorsqu'il réclamera ses déboursés.

Quant à l'art. 607, il est inutile, car il ne s'occupe que de l'obligation de rebâtir. Or, rebâtir emporte l'idée de la destruction complète de toute une maison, et nous savons déjà que le propriétaire n'est tenu à rien, et que, de son côté, l'usufruitier n'est tenu que des réparations d'entretien, et par conséquent qu'aucun n'est tenu de rebâtir la maison tombée de vétusté ou détruite par cas fortuit.

Cependant, si l'usufruitier reconstruit l'édifice en entier, pourra-t-il réclamer le montant de ses dépenses à la fin de l'usufruit? En principe, non, car ce n'est pas une grosse réparation qu'il a faite, mais une construction à laquelle n'était pas tenu le propriétaire. C'est le cas d'appliquer l'art. 599-2°. Ensuite, dans la plupart des cas, l'usufruit n'a porté que sur l'édifice écroulé ou démoli, et il se sera éteint par cette seule circonstance (624). Hâtons-nous d'ajouter que l'on pourra souvent tempérer la rigueur de ce résultat par une interprétation de la volonté des parties. Que l'usufruitier, au vu et su du propriétaire, démolisse la maison qui menace ruine avec intention de la rebâtir, il sera considéré comme investi d'un mandat tacite du propriétaire. Mais s'il bâtissait à l'insu du propriétaire, il n'aurait plus l'usufruit et serait traité comme un possesseur de mauvaise foi.

Ici se terminent les charges particulières qui pèsent sur l'usufruitier ; nous n'avons plus qu'à parler de l'obligation générale de veiller sur la chose et de la restituer à la fin de l'usufruit.

Usufructuarius omnem rei curam suscipit... custodiam præs-

tare debet. Ce principe est développé dans les art. 614 et 1768.

Tout ce que doit faire l'usufruitier, c'est d'avertir le nu propriétaire, mais il ne peut pas empêcher par lui-même l'usurpa-
tion. Ainsi, il ne pourrait pas se constituer représentant du
propriétaire pour interrompre la prescription en assignant l'u-
surpateur; mais il pourrait l'interrompre par une autre voie,
en faisant interruption naturelle, c'est-à-dire en ressaisissant
la chose. Il pourrait aussi plaider pour défendre son droit,
pour revendiquer son usufruit, et dans les limites de ce droit,
il interromprait la prescription à l'égard de l'usufruit et non à
l'égard de la nue propriété, car il ne peut agir au compte du
propriétaire, ni au possessoire, ni au pétitoire. Dumoulin ajou-
tait que l'usufruitier devait également dénoncer au propriétaire
les grosses réparations à faire.

Les art. 615 et 616 sont relatifs à l'obligation de restituer ce
qui reste de la chose, *quod inde extabit*. Le premier de ces deux
articles est une conséquence du principe général posé dans
l'art. 1302. Le troupeau étant un être collectif, il est suscep-
tible d'une espèce d'entretien et de réparations. Ces réparations
ne sont obligatoires que jusqu'à concurrence du croît. Et c'est
en effet avec les jeunes animaux qu'on remplace les anciens.

On a fixé cette limite pour ne pas exposer l'usufruitier à
perdre plus qu'il ne gagne. Il ne gagne donc les petits qu'à la
charge d'en consacrer un certain nombre au remplacement des
bêtes mortes de vieillesse ou d'accident. Mais l'usufruitier est-
il tenu de remplacer les bêtes mortes, seulement avec le croît
qu'il a perçu depuis l'époque où les animaux sont venus à manquer, ou aussi avec le croît qu'il a perçu antérieurement? La
réponse a donné lieu à des interprétations différentes. « Ea quæ
pleno grege edita sunt, ad fructuarium pertinere, sed poste-
riorem gregis casum nocere debere fructuario. » On a dit que
le jurisconsulte romain donnait la propriété de l'ancien croît à

l'usufruitier et que le *nocere* ne s'appliquait qu'au croît postérieur. Mais il est plus juste de considérer le *posterior gregis ca-
sus* comme une sorte de condition résolutoire apposée à cette
propriété. Il faut d'ailleurs remarquer que cette décision ne
lèse nullement l'usufruitier, qui, d'après le principe général,
doit faire toutes les dépenses d'entretien quelque faibles que
soient ses revenus, et probablement le croît dépassera toujours
le nombre des bêtes à remplacer.

COMMENT L'USUFRUIT PREND FIN.

« Ne in universum inutiles essent proprietates semper abs-
cedente usufructu : placuit certis modis exstingui usumfructum
et ad proprietatem reverti (Institutes, liv. 11, tit. 4, § 1).

Il y a encore d'autres modes d'extinction qui proviennent de
la volonté des parties, par exemple l'expiration du temps fixé.
Enfin, il en est de purement arbitraires, établis par la volonté
de la loi, c'est l'abus de jouissance, la mort civile. Examinons
chacun d'eux isolément.

« 1° Finitur ususfructus morte usufructuarii. » Mais ne pour-
rait-on pas constituer un usufruit au profit d'une personne et
de ses héritiers? Cette question revient à celle de savoir si les
droits réels sont déterminés d'une manière limitative par le Code,
ou si le législateur, en faisant finir l'usufruit par la mort naturelle, a seulement voulu interpréter la volonté des parties à
défaut de déclaration expresse. Dans la pratique judiciaire, on
admet l'existence d'un droit dont le Code ne parle pas, l'emphytéose, sorte de droit de jouissance qui dure et qui est transmissible à la charge d'une redevance annuelle. Il faut donc également admettre un usufruit transmissible aux héritiers. Mais

l'admission de l'emphytéose semble arbitraire, car non-seulement ce droit n'est nullement établi par nos lois, mais même les
rédacteurs l'ont rejeté toutes les fois qu'il en a été question.
C'est ainsi que, dans 1118, qui a été copié sur la loi de brumaire,
les rédacteurs ont laissé l'usufruit et supprimé l'emphytéose.
Leur intention était donc bien de supprimer ce démembrement
de la propriété, dont la durée pouvait aller jusqu'à 99 ans. La
même jurisprudence qui reconnaît l'emphytéose est obligée de
reconnaître qu'il n'y a plus de rentes foncières ni perpétuelles,
ni même limitées à une durée de 99 ans, et c'est là une inconsé-
quence; car il est bien difficile de saisir la distinction entre l'emphytéose et la rente foncière. Il est, dès lors, vrai de dire qu'il
n'y a de droits réels que ceux qui sont reconnus par la loi, et
qu'il n'est pas loisible aux particuliers de les multiplier, de grever la propriété par le seul effet de leurs conventions. L'esprit
de notre législation est évidemment d'effacer tous ces démembrements qui subsistent pendant de longues années et qui entravent
la propriété. Enfin, s'il était vrai que l'usufruit pût être constitué en faveur d'une personne et de ses héritiers, on n'aurait
plus qu'à le supposer acheté au moyen d'une redevance annuelle,
ce qui est toujours possible, et l'on arriverait, à bien peu de
chose près, à la rente foncière; tous les inconvénients qui l'ont
fait supprimer se représenteraient dans une convention de ce
genre.

Mais rien n'empêche que l'on ne constitue un usufruit sur la
tête de plusieurs personnes vivantes, de sorte qu'il est en com-
mun entre ces personnes; puis, au décès de l'une d'elles, entre
les survivants, jusqu'à ce qu'il se concentre dans les mains du
dernier survivant, à la mort duquel l'usufruit est éteint. En
effet, l'usufruit aurait duré tout aussi longtemps si l'on avait,
dans l'origine, donné sa totalité à celui qui a vécu le dernier. Il
suit de là que je pourrais léguer un usufruit à vous et à votre

fils, pourvu qu'il fût déjà né à l'époque de l'ouverture de l'usufruit.

« 2° Et duabus capitis diminutionibus, maxima et media. »
Par la mort civile de l'usufruitier. La mort civile ouvre la succession comme la mort naturelle ; elle éteint aussi l'usufruit. En
droit romain, l'usufruit se perdait par la perte du droit de cité,.
et, dans l'origine, par la perte des droits de famille, c'est-à-dire
par l'abrogation, l'émancipation. Chez nous, la mort civile est
quelque chose de plus que la perte du droit de cité, car le mort
civilement ne jouit même pas de la position d'un étranger. Ce
mode d'extinction de l'usufruit ne s'explique que par la tradi-
tion historique, car on conçoit très bien un système dans lequel
les droits d'usufruit du mort civilement auraient passé à ses
héritiers, pour subsister jusqu'à sa mort naturelle. C'est ce qui
arrive pour la rente viagère (1982) : elle est continuée aux héritiers, à moins qu'elle n'ait été établie à titre d'aliments ; dans
ce dernier cas, le mort civilement continue de la toucher. Pour
expliquer cette différence, il faut encore recourir à l'histoire.
En droit romain, l'usufruit était presque toujours constitué à
titre gratuit, par legs, et alors on admettait plus facilement
l'extinction d'un droit constitué par pure bienfaisance, sans que
l'usufruitier eût rien donné en retour. Les rentes viagères au
contraire, étaient la plupart du temps établies à titre onéreux
Ajoutons que le mot viagère, employé par les parties, indique
que leur pensée s'est portée sur la vie tout entière du rentier,
tandis que cette pensée ne se retrouve pas dans la constitution
d'usufruit.

Je pense que l'on pourrait convenir d'un usufruit pour toute
la vie naturelle, et alors cet usufruit existerait même après la
mort civile, parce que ce n'est pas là un des cas où le législateur a pensé sérieusement à limiter le droit réel, dans l'intérêt
public.

5362   7

Quelle sera la limite de l'usufruit s'il est donné à une corporation, à un être moral que notre législation a reconnu capable d'être propriétaire. La loi 50, *de usuf.*, nous dit : « Quousque tuendi in usufructu municipes? Et placuit centum annis tuendos esse municipes, quia is finis vitæ longævi hominis est. » Le Code a restreint ce temps à trente ans. Si la corporation cessait d'exister avant cette époque, l'usufruit serait éteint.

3° Par l'expiration du temps pour lequel il a été accordé (580). L'usufruit cesserait-il à la mort naturelle ou civile de l'usufruitier, si elle arrivait avant le terme ou la condition résolutoire? Dans ce cas, il y a lieu d'interpréter la volonté des parties, en ce sens qu'elles ont entendu restreindre la durée du droit en deçà des limites fixées par la loi, et non l'étendre au delà. S'il y avait clause expresse contraire à cette interprétation, l'usufruit pourrait être prolongé au-delà de la mort civile, mais non au-delà de la mort naturelle.

4° Par le non-usage du droit pendant trente ans. Ce mode nous vient encore du droit romain : « Et non utendo per modum et tempus. » Il se trouve aussi mentionné dans une énumération complète et nettement exposée des manières dont l'usufruit prend fin, par le jurisconsulte Paul. Le laps de temps était différent, suivant qu'il s'agissait de meubles ou d'immeubles : un an pour les meubles, deux ans pour les immeubles C'était le même système que celui de la loi des Douze Tables en matière d'usucapion. Le Code a fixé un temps égal à celui nécessaire pour prescrire, sans distinguer entre les meubles et les immeubles.

5° Par la perte totale de la chose sur laquelle l'usufruit est établi. La *mutatio rei* suffisait, à Rome, pour entraîner l'extinction de l'usufruit. Mais le Code n'admet pas aussi facilement l'extinction de l'usufruit; il faut que la chose périsse en totalité, c'est-à-dire que ce qui en reste ne puisse servir à aucun usage. Mais si la chose ne périt qu'en partie, l'usufruit subsiste sur le reste (623), à condition que ce reste pourra remplir la même destination que le tout, sans quoi il doit être restitué (616, 1er alinéa ; 624).

Dans tous les cas d'extinction dont nous avons parlé jusqu'à présent, les droits constitués par l'usufruitier s'éteindront avec le sien propre : *resoluto jure dantis resolvitur jus accipientis.*

6° Par la consolidation. Pour qu'il y ait consolidation il faut que la réunion de l'usufruit à la nue propriété ait lieu par la volonté des parties, et c'est cette seule circonstance qui distingue la consolidation des autres modes d'extinction de l'usufruit. L'usufruitier peut abdiquer son droit par une simple renonciation acceptée du nu propriétaire, sans qu'il faille employer les formalités exigées pour la donation. Comme le seul accord des parties ne peut pas nuire aux tiers, la consolidation ne produit pas les mêmes effets que les autres manières dont l'usufruit prend fin ; les deux démembrements ne se réunissent que grevés des droits antérieurement acquis aux tiers, et ces droits subsistent jusqu'à l'époque où l'usufruit se serait éteint autrement que par la consolidation.

Si l'usufruitier acquérait la nue propriété, et que celle-ci vînt à se résoudre ou à être rescindée, l'usufruit éteint par la consolidation revivrait-il? Le Digeste décide que l'usufruit est éteint; mais dans notre droit, où l'on admet une propriété constituée sous condition résolutoire, et dont les effets s'évanouissent à la réalisation de la condition, on comprend parfaitement que si la propriété concédée à l'usufruitier était résoluble et rescindable, la consolidation le serait également, en sorte que l'usufruitier recouvrera son usufruit, lorsque la propriété lui sera enlevée, et il jouira jusqu'à ce qu'une autre cause vienne l'éteindre définitivement.

7° Lorsque l'usufruitier abuse de son droit de jouissance, non seulement il est passible de dommages-intérêts pour le préjudice qu'il a causé, mais il peut même être dépouillé entièrement du droit d'usufruit (618, 1ᵉʳ alinéa). Dans le droit romain, ce mode d'extinction n'existait pas, le préteur pouvait seulement empêcher l'usufruitier de jouir temporairement jusqu'à ce qu'il se fût acquitté (L. 9, § 5, *De damno infecto*).

Dans notre droit, la perte de l'usufruit par abus de jouissance est fondée sur cette idée que l'usufruit n'existe qu'à la charge de conserver la substance de l'objet. L'abus peut résulter d'une faute de commission ou d'une faute d'omission, et les juges ont un pouvoir discrétionnaire pour choisir entre la perte de l'usufruit et les autres moyens exposés dans 602 et 603. S'il s'agit d'objets qui se consomment peu à peu par l'usage, ils pourront les faire vendre, pour le prix en être placé et les intérêts remis à l'usufruitier.

Si la déchéance est prononcée, que deviendront les droits constitués par l'usufruitier, en supposant qu'il n'y ait pas eu fraude de sa part? Cela revient à savoir si cette déchéance est une peine imposée à l'usufruitier pour un délit par lui commis, et alors ce délit ne peut pas préjudicier aux tiers qui n'ont pas dû s'attendre à la mauvaise foi de l'usufruitier. Pour soutenir cette opinion on argumenterait de l'art. 958. Que si, au contraire, on regarde la perte de l'usufruit comme une conséquence de ce principe, que les droits acquis à une personne sont résolubles lorsqu'elle ne remplit pas les obligations qui lui étaient imposées à raison de ce droit, la résolution doit s'étendre aux droits réels établis sur l'objet. En effet, nous avons vu, à propos des art. 1183 et 1184, que la résolution peut être opposée aux tiers. Ici ce n'est pas seulement une peine infligée à l'usufruitier, c'est l'effet d'une condition résolutoire sous-entendue dans le contrat ou le testament.

La disposition du deuxième alinéa comprend non-seulement les créanciers hypothécaires, mais même les chirographaires. Ils peuvent intervenir d'abord pour empêcher toute collision entre l'usufruitier et le nu propriétaire, puis pour que l'usufruitier ne succombe pas par une mauvaise défense. Ils peuvent même écarter la déchéance en offrant des garanties que l'usufruitier ne présentait pas. L'article ne le dit pas, mais ce ne sera là que l'application de l'art. 1166.

Il est encore d'autres manières dont l'usufruit peut s'éteindre, et si l'on n'en parle pas dans cette section, c'est qu'elles sont applicables à tous les démembrements de la propriété et à la propriété elle-même. C'est d'abord la résolution ou la rescision. L'usufruit a pu n'être concédé que sous condition résolutoire expresse ou tacite. Il peut être sujet à rescision, s'il y a eu incapacité ou vice du consentement, si celui qui a constitué l'usufruit purement et simplement n'avait lui-même qu'un droit de propriété résoluble ou rescindable. L'usufruit a pu être prescrit par la prescription de la propriété, et l'usufruitier perdrait son droit, quand même le tiers aurait commencé à prescrire avant la constitution de l'usufruit.

DE L'USAGE ET DE L'HABITATION.

L'usage est, comme l'usufruit, une servitude personnelle, c'est-à-dire un droit réel appartenant à une personne, sur une chose dont la propriété est à autrui. Nous faisons cette remarque parce que certains droits d'usage sont plutôt des servitudes réelles, en ce qu'ils tiennent, non pas à la personne elle-même, mais à la résidence de la personne, par exemple les droits d'usage dans les bois et forêts, qui appartiennent aux particuliers habitant certains lieux déterminés. Il y a aussi aux

Institutes un titre qui traite *de usu et habitatione*, mais le *nu- dus usus* des Romains diffère beaucoup de l'usage en droit fran- çais. C'était, dans le sens propre du mot, le droit de se servir de la chose, de l'employer tout entière à son usage, mais sans pouvoir toucher aux fruits. Par la suite, on se relâcha un peu de l'ancienne rigueur et l'on permit à l'usager de prendre quel- ques fruits, de ceux dont la perception peut se faire en détail jour par jour, et non de ceux qui se perçoivent en masse à une époque fixe.

Voyons maintenant comment le Code a entendu le droit d'usage. Comme le droit d'habitation n'est qu'un droit d'usage ayant pour objet une maison, ce que nous dirons de l'un s'ap- pliquera à l'autre.

Il faut consulter avant tout le titre constitutif du droit et s'en rapporter à ses dispositions sur l'étendue et la nature de l'usage (628). A défaut de clauses expresses, les art. 629 et suivants in- diquent les règles à suivre.

Le droit d'usage est un usufruit modifié, restreint dans cer- taines limites. Si l'usager peut recueillir des fruits, ce n'est plus par une concession limitée à certaines espèces de fruits, c'est un système général d'après lequel il peut prendre des fruits de toute nature jusqu'à concurrence de ses besoins et de ceux de sa fa- mille. Si l'usage portait sur des choses fongibles, l'usager devrait, à l'expiration de son droit, en rendre de pareille qualité et quantité. Si l'usage avait pour objet une créance ou une somme d'argent, comme il est impossible de fixer une limite aux besoins d'argent, l'usager aurait droit à tous les intérêts de la somme.

L'art. 639 doit servir de règle pour décider toutes les questions dans lesquelles il s'agit de l'usage d'une chose non fongible. Notons en passant que ce n'était pas l'usage des fruits d'un fonds qu'il fallait dire, mais d'usage d'un fonds. Pour déterminer ce que l'on doit entendre par la famille de l'usager, il faut avoir égard à sa position sociale. Les domestiques font partie de sa famille. Faudra-t-il y comprendre les parents, tels que père, mère, bru, gendre, fils adoptif, naturel, petits-fils, etc. ? L'enfant naturel fait, à n'en pas douter, partie de la famille. L'enfant adoptif, au contraire, reste toujours membre de la famille naturelle ; quant aux autres parents, il faudra examiner s'ils résidaient ordinairement chez l'usager avant la constitution du droit d'usage ; s'ils étaient tout à fait fixés dans sa maison, alors on déciderait que celui qui a donné l'usage a entendu l'établir au profit de tous ceux qui faisaient partie du ménage de l'usager.

L'objet doit-il être remis à l'usager pour qu'il administre et rende au propriétaire les fruits qu'il ne consommera pas, ou bien sera-ce le propriétaire qui aura la chose entre ses mains, en jouira, et donnera à l'usager les fruits nécessaires à sa consommation ? On examinera si l'usage porte sur la plus grande quantité de fruits ou seulement sur une partie peu considérable, et, comme cela est naturel, on mettra l'administration à la charge de celui qui doit retirer le plus de bénéfices.

L'usager ne peut céder ni louer son droit à un autre (631). *Nec ulli aliis jus aut locare, aut vendere, aut gratis concedere potest quum is qui usumfructum habet, possit hæc omnia facere.* En effet, si l'usager pouvait louer ou vendre, il s'approprierait, par une transformation en argent, des fruits qu'il ne peut pas percevoir en nature, car l'usage d'une somme d'argent est illimité. Lors donc que nous avons dit que l'usager peut prendre une partie des fruits, nous n'avons pas entendu parler des fruits civils. Une conséquence immédiate de 631, c'est que l'usager ne peut pas hypothéquer son droit, c'est que ce droit est insaisissable. On a dit cependant que, si l'usager absorbait la totalité des fruits, il pourrait louer son droit, car le propriétaire serait toujours dans la même position. Je ne pense pas que cette opinion puisse être adoptée ; le mot *usage* a toujours emporté cette idée que l'usager n'a pas les fruits civils. Autre chose est d'user soi-même et de louer à d'autres ; le concessionnaire pourrait, en effet, user d'une manière moins convenable. L'art. 631 ne fait aucune distinction, et cependant le législateur a bien pensé au cas dont nous parlons, puisqu'il se trouve rapporté dans 635. La même généralité d'expressions se retrouve dans 634, à propos de l'habitation.

QUESTIONS.

I. L'usufruitier des choses qui se consomment par le premier usage a-t-il le choix entre la restitution de choses du même genre ou le paiement de leur estimation ? — Distinction.

II. L'usufruitier peut-il obliger le nu-propriétaire à faire les grosses réparations ? — Non.

III. Le testateur peut-il défendre au nu-propriétaire de faire inventaire ? — Non.

IV. Indemnité est-elle due à l'usufruitier pour les constructions nouvelles par lui faites ? — Non.

V. La nullité du bail fait par l'usufruitier qui a outrepassé ses pouvoirs est-elle absolue ? — Non.

VI. L'usufruitier a-t-il la jouissance des îles ? — Non.

VII. Peut-on assigner à l'usufruit ou l'usage légué à une personne morale, une durée excédant trente ans ? — Non, pour l'usufruit ; oui, pour l'usage.

VIII. L'usufruit peut-il s'établir par prescription ? — Oui. — Par sentence du juge ? — Non.

IX. L'usufruit constitué à terme s'éteint-il par la mort de l'usufruitier arrivée avant le terme ? — Oui.

www.ingramcontent.com/pod-product-compliance
Lightning Source LLC
Chambersburg PA
CBHW071342200326
41520CB00013B/3074